Wideoklip jako modelowy przykład audiowizualnej sztuki popularnej

Vol 3: Wideoklip jako sztuka intermedialna

"When do I see
a photograph,
when a reflection?"

Philip K. Dick, A Scanner Darkly

- **Wideoklip jako sztuka intermedialna**
- **Wideoklipy odwołujące się do znanych stylów plastycznych**
- **Wideoklipy a sztuka video**

Wideoklipy jako sztuka intermedialna

Wideoklip stanowi przykład sztuki intermedialnej w pełnym tego słowa znaczeniu. Mamy tu do czynienia z integracją niejednorodnych składników przekazu: muzyki, słowa i obrazu. Wideoklip uznać można za nową formę artystycznego wyrazu, która w przyszłości może doprowadzić do ukonstytuowania się sztuki, stanowiącej swoistą syntezę poezji, malarstwa i muzyki, powołującej nowe formy medialne. Dzieło takie mogłoby otworzyć nowe, odmienne od dotychczasowych jakości estetycznego oddziaływania. Nowe narzędzia elektroniczne coraz częściej wykorzystujące cyfrową technologię umożliwiają stworzenie absolutnego dzieła sztuki, które wcześniej nigdy nie mogłoby powstać. Wiele zespołów tworzy coś w rodzaju "muzyki wizualnej". Gdy słuchamy takiej kompozycji, przychodzą nam na myśl określone obrazy. Gdy czytamy tekst piosenki, wiersz lub fragment jakiejś powieści, staramy się wyobrazić sobie jak to, co czytamy można „zobrazować". Brakuje nam wtedy

4

obrazów do obecności których przyzwyczailiśmy się obcując nieustannie ze środkami masowego przekazu, czy też nowymi technologiami komunikacyjno - informacyjnymi. Umieszczony fragment tekstu lub pojedyncze słowo w poszczególnych sekwencjach danego wideoklipu sprawia, że muzyka i obraz zyskuje nowe „znaczenie". Czasem możemy mieć do czynienia z implozją znaczeń, ich nadmiarem, co może doprowadzić do całkowitego odsemantycznienia obrazu (do redundancji).

Wolfgang Rihm pisał iż „[...] muzyka jest wolnością, dźwiękowo - znakowym pismem, którego podstawą jest czas. Śladem nie dającej się pomyśleć pełni postaci, barwieniem i formowaniem czasu, zmysłowym wyrazem energii, obrazem i drogą życia, lecz także przeciwieństwem, kontrprojektem – Innym [...]"[1] Wiele wideoklipów stanowi oryginalne połączenie obrazów, słów i dźwięków, przybierając formę „dzieł otwartych". Dzieło takie zachęca do jego twórczego „odczytania". Dzięki wizualizacji popularnych utworów zaczynamy zupełnie inaczej odbierać

5

muzykę i „słyszeć" obrazy, albo raczej następujące po sobie sekwencje obrazowe.

Przyznać trzeba, że w postinformacyjnym społeczeństwie muzyka odgrywa niezwykle ważną funkcję, na co zwrócił uwagę Nicolas Negroponte – pisząc, iż muzyka okazała się jednym z ważniejszych czynników w kształtowaniu nauk informacyjnych. „Na muzykę można patrzeć z wielu różnych i ważnych punktów widzenia. Można ją analizować z punktu widzenia przetwarzania sygnałów cyfrowych, gdy próbuje się rozwiązać wiele skomplikowanych problemów rozdzielania dźwięków (jak usunąć z nagrania dźwięk upadającej puszki po napojach). Można ją rozważać z punktu widzenia rozpoznania muzyki – jak interpretujemy język muzyczny, co stanowi jej ocenę i jak się do tego mają emocje? W końcu muzykę można uważać za wyrażenie artystyczne i narrację – historię, jaką opowiada i emocje, które wzbudza. Wszystkie te aspekty są równie ważne, pozwalają na poruszanie się w tym znakomitym środowisku intelektualnym między ekspresją a technologią, nauką a sztuką, prywatnością a powszechnością.".[2] Wraz z rozwojem nowych technologii informacyjno-komunikacyjnych, a szczególnie Internetu, w obrębie którego funkcjonują również wideoklipy, coraz częściej świat doświadczamy cyfrowo. Wideoklipy istniejące w Internecie stają się dzięki temu autonomicznym zjawiskiem kulturalnym, które nie muszą już być postrzegane jako dzieła związane integralnie z telewizją, mimo iż łączy je z nią wspólny status ontologiczny. Wideoklipy jako odrębna forma artystycznego wyrazu „opowiadają" określone historie za pomocą muzyki i elektronicznych obrazów oraz tekstu piosenki, który często również wkomponowany jest w poszczególnych sekwencjach „muzycznych wizualizacji".

Wideoklipy będąc jednocześnie upośredniczoną formą rozrywki, istniejącą w przestrzeni medialnej stanowią przykład oryginalnego połączenia technologii, nauki i sztuki.

Warto tu wspomnieć o tym, iż pragnienie tworzenia dzieł intermedialnych, nieustannego przekraczania granic dzielących poszczególne formy sztuki bliskie było twórcom i teoretykom piszącym o sztuce już znacznie wcześniej. W powstałym w roku 1591 dziele „On the Composition of Images, Signs & Ideas" odnajdujemy aktualną jeszcze dziś (i po Wagnerze) zasadę „dla Bruna prawdziwa filozofia, muzyka i poezja są zawsze także malarstwem a prawdziwe malarstwo jest zawsze również muzyką i filozofią, a prawdziwa poezja i muzyka zawsze są jednocześnie rodzajem boskiej mądrości i malarstwa. Malarz tworzy niezliczone obrazy na podstawie wyglądów, kombinując je ze sobą w najróżniejszy sposób."[3] Z kolei Lessing napisał interesujące teoretycznoliterackie dzieło pt. „ Laokoon, czyli o granicach malarstwa i poezji" („Laokoon oder über die Grenzen der Malerei und Poesie", 1766). „Wszystkie poetyki siedemnastowieczne głosiły, iż malarstwo – to niema poezja wyrażona za pomocą pędzla, a poezja – to mówione malarstwo".[4] Pisał on, iż „ Opisy statyczne, tak rozpowszechnione w dziełach wczesnego oświecenia, są sprzeczne z naturą literatury i należy je zastąpić opisami dynamicznymi, idąc zresztą za przykładem Homera. Odwrotnie – nie jest zadaniem sztuk plastycznych przedstawianie akcji. Rozprawa Lessinga umożliwiła przezwyciężenie poezji malarsko – opisowej, otwierając przed pisarzem „wolne przestrzenie myśli".[5]

„To nowe miejsce i funkcja różnych mediów oraz sztuk tworzy następnie , w XIX wieku, konsekwentnie punkt wyjścia sztuki i estetyki romantyzmu. Dzieła sztuki romantycznej – dzięki zwielokrotnieniu i przesunięciu struktur medialnych, a także usytuowaniu pomiędzy mediami – zyskują nowe jakości oddziaływania, dotąd im niedostępne. Nie może zatem dziwić, iż Coleridge wprowadza w roku 1812 pojęcie „intermedia", oznaczające konceptualną fuzję różnych mediów, którego programowo estetyczne implikacje owocują wielością inter-medialnych dzieł sztuki.

Poezja nie ogranicza się już do słowa pisanego lub mówionego, lecz realizuje się także w muzyce lub w sztukach plastycznych, a później (przykład Cocteau) w filmie".[6]

Dzieła sztuki tworzone w obrębie elektronicznych przekaźników, osiągają maksymalne oddziaływanie wskutek przekraczania granic medialnych i połączenia różnych mediów oraz gatunków. Wideoklipy stanowią doskonały przykład takiej właśnie intermedialnej sztuki, które otwierają przed odbiorcą nowe wymiary przeżycia estetycznego. W tej perspektywie nie jest tak bardzo istotne to, czy muzyka powinna podporządkować się sensowi słowa pisanego lub mówionego, czy też na odwrót, chodzi o to by wyzwalać tradycyjne media i gatunki i dzięki intermedialnej grze złożonej z wizualnych elektronicznych obrazów, słów i muzyki wyzwolić w świadomości odbiorcy nieświadome działania. Wiele wideoklipów zachęca do takiego właśnie twórczego odbioru, konstruowania znaczeń, które powstają w wyniku swoistej intermedialnej gry. Postmodernistyczne produkty sztuki okazały się niedostępne dla jednowymiarowych teorii mediów oraz ich metod. „Jeśli rzeźby zaczynają dźwięczeć, jeśli awangarda poezji konkretnej sytuuje się między śpieworecytacją, malarstwem, grafiką a poezją, jeśli w sztuce wideo rozwija się intermedialna gra z ideami i treściami malarstwa, fotografii, filmu, telewizji, słuchowiska radiowego, muzyki i literatury, to nieadekwatność starych paradygmatów nauki o mediach musi się szybko ujawnić."[7] Dzieje się tak zresztą nie tylko w kontekście współczesnej awangardy, ale również w kontekście sztuki popularnej, czego najlepszym przykładem są wideoklipy. Przyznać trzeba, że media audiowizualne od początku swego istnienia wchodziły w rozliczne, historycznie zmienne interakcje, z tego też powodu nieustannie zmieniających się związków medialnych nie sposób już opisać za pomocą tradycyjnych teorii i metod medioznawstwa, izolujących od siebie poszczególne media. Wideoklipy sytuujące się w obrębie audiowizji ukazują interesujące współistnienie obrazu, tekstu i dźwięku, otwierając nowe horyzonty przeżycia i doświadczania sztuki.

„Ciekawe przy tym, że komercyjny cel tworzenia tych komunikatów spowodował, iż to one właśnie, z całej twórczości telewizyjnej, zbliżają się najbardziej do awangardowej sztuki, jak słusznie zauważa Ann Kaplan nigdy dotąd tekst nie mógł być jednocześnie awangardowy – i popularny, dzieje się to dopiero teraz, za sprawą niektórych reklam czy muzycznych teledysków".[8] Wideoklipy czerpią wiele z zasobów kultury literackiej, ale zwłaszcza wizualnej – historii kina, malarstwa, prasy itd. Ten swoisty intertekstualizm stał się integralną częścią operacji tworzenia tekstu; pastisz, parodia, cytat, reprodukcja, zapożyczenie zostały integralnymi, pełnoprawnymi elementami, konstytuującymi sam tekst. Najbardziej charakterystyczną cechą wideoklipów stała się destabilizacja punktu widzenia.

Miejsce widza jest wszędzie i nigdzie zarazem, ale stosunkowo najrzadziej w miejscu kamery. Wideoklipy integrują problemy, idee i struktury innych mediów w swój medialny kontekst. Otwiera to przed odbiorcą nowe rodzaje przeżyć i doświadczeń.

„Intermedialność nie oznacza ani sumy rozmaitych koncepcji medialnych ani usytuowanie – między – mediami poszczególnych dzieł, lecz zintegrowanie estetycznych koncepcji poszczególnych mediów w postaci nowego kontekstu medialnego".[9]

Przyszedł wreszcie czas na zastanowienie się dlaczego wideoklip uznać można za sztukę intermedialną i jak należy to dokładnie rozumieć .

Trudno nie zgodzić się z twierdzeniem, że sztuka intermedialna nie jest dziedziną totalną, nie jest połączeniem cech właściwych rozmaitym sztukom, ani też połączeniem w nową całość odrębnych dotąd sztuk jak może się czasem wydawać.[10] Sztuka intermedialna jest dlatego tak fascynującym zjawiskiem, gdyż inicjuje w sposób nieuchronny relacje pomiędzy różnymi mediami.

„Tak rozumiany relacjonizm, sieć odniesień intermedialnych, zastępuje tu kompleks atrybutów, za pomocą których charakteryzujemy zwykle poszczególne rodzaje sztuki."[11] Sztuka taka jest odsyłaniem, widzeniem jednego medium poprzezdrugie, wzajemnym aktywizowaniem i pobudzaniem. „Sztuki intermedialne w pierwszej kolejności nie różnią się więc pomiędzy sobą posiadanymi właściwościami, lecz doborem mediów, ku którym odsyłają oraz sposobem w jaki to czynią."[12]

Wideoklip ma wiele wspólnego z telewizją, z którą łączy go wspólnota technologiczno – ontologiczna. W wyniku związków z filmem, doszło do powoływania nowych form narracyjnych. Ze związku z muzyką popularną ukształtował się ich charakter medialny i artystyczny. Doprowadziło to do ukonstytuowania się nowego rodzaju sztuki popularnej i jednocześnie „nowej formy artystycznego wyrazu, jaką stały się muzyczne wizualizacje. Muzyczne wizualizacje popularnych utworów w ciekawy sposób wchodzą w relacje ze sztukami plastycznymi, choćby na poziomie organizacji obrazu. Wideoklip związany jest z innymi dziedzinami artystycznymi, choćby video artem. Digitalizowane przestrzenie obrazowe wyłaniające się z głębi obrazów, wirujących, przesuwających się i odkształcających – ku nowemu równoczesnemu współwystępowaniu pasków z napisami, montażu filmowego i fotograficznego, języków znaków i piktogramów prowadzi do powstania nowej estetyki.[13]

Wideoklipy sytuujące się w obrębie rozwiniętej audiowizji stanowią niezwykle interesujący przykład popularnej sztuki intermedialnej, które zachęcają do ich twórczego odbioru, indywidualnego „odczytania". Wielu teoretyków jest zgodnych co do tego, że wywoływanie iluzji u widza za pomocą ruchomego odtwarzania fotograficznego staje się w dalszym rozwoju audiowizji coraz silniejsze. Twórcy wideoklipów nieustannie wytwarzają sugestywne wrażenie różnorodnych możliwych rzeczywistości spośród których ta istniejąca naprawdę jest tylko jedną wśród wielu wyobrażalnych.

Ciekawym przykładem wideoklipu w którym mamy wyraźne intermedialne odniesienia jest „wizualizacja" utworu zespołu Eskobar – „She's not here". Jest to bardzo spokojna piosenka, co oczywiście słychać w warstwie dźwiękowej wideoklipu. Powtarzający się co chwilę refren piosenki – „She's not here, no more" – (Jej już tu nie ma) sprawia jednak, że trudno nie zainteresować się tym o co właściwie w tym utworze chodzi i czy przypadkiem ten spokojny nastrój nie jest jedynie iluzją, która skrywa jakiś konflikt. W wideoklipie tym zwraca uwagę interesujące przedstawienie, a raczej może wkomponowanie występujących muzyków na tle różnokolorowych budynków. Mamy tu do czynienia z „iluzjonizacją ludzi" – występujący artyści nie są – wyraźnie widoczni – ich rysy twarzy są niewyraźne, podobnie jak cała sylwetka. Następuje oddalenie kamery, zatrzymanie ujęcia przedstawiającego lidera zespołu, które pojawia się w gazecie. W tym samym momencie w którym lider zespołu wypowiada słowa piosenki – It was so strange when it happened (To było takie dziwne, gdy się wydarzyło), pojawia się zbliżenie na fragment tekstu umieszczonego w gazecie, które brzmi identycznie z tym jakie usłyszeliśmy. Tekst piosenki został umiejscowiony w zupełnie innym kontekście jako fragment artykułu znajdującego się w gazecie. W wideoklipie tym pojawiają się audiowizualne sploty słowno – obrazowe, które nadają produkcji znaków nowego charakteru. Fragment tekstu piosenki umieszczony w gazecie sprawia, że powstają audiowizualne systemy wzajemnych odniesień słów i obrazów. Mamy tu do czynienia z inferencją, która prowadzi do wizualnej gry wstawienia. Piosenkarz śpiewa – „She's not here, no more – Jej tu już nie ma", następuje stop – klatka i zdjęcie gitarzysty pojawia się znowu w jakiejś gazecie, a pod nim podpis identyczny do tego, który w tym samym czasie usłyszeliśmy. Powoduje to, że zasada ruchu w obrazie filmowym zmienia się w zasadę dośrodkową. Po tym ujęciu, następuje powrót do tego samego miejsca w którym znajdowali się poprzednio artyści. W wideoklipie tym pojawiają się zdjęcia prześwietlone, które włączają się w swoistą grę kolorów. W trakcie trwania tej muzycznej wizualizacji co chwilę pojawia się na środku ekranu imię innej dziewczyny, co powoduje, że widz może być zdezorientowany, czy utwór ten opowiada o jakiejś jednej konkretnej dziewczynie, czy też o wielu innych. Zespół gra w jakimś parku, na tle kolorowych budynków, które w połowie wideoklipu okazują się „kartonowymi atrapami", które przewracają się, by na ich miejscu pojawiły się następne, równie kolorowe budynki. W końcu sekwencji tej „wizualizacji" budynki wyraźnie się zmniejszają, wyglądają jak bezkształtne bryły w kolorze czarno – złocisto – brązowym. Następuje odjazd kamery i okazuje się, że wszystko to było iluzją, cała misé – en – scéne, okazała się być „papierową" atrapą stojącą na stoliku w jakimś pomieszczeniu. Wideoklip ten porusza problem związany z „materialnością". Skłania do

17

zastanowienia się nad wieloznaczną naturą rzeczywistości. Zastosowany proces inferencji określa pewną figurę kompozycyjną związaną z elektronicznymi technikami obrazu. Wykazuje ona powinowactwo z zasadą szkatułkową mise en abyme określającą konstrukcję odzwierciedlania w literaturze, malarstwie i filmie. Rzeczywistość i medium zostają stworzone w swoistą „medialność". Media dzięki którym czerpiemy wiedzę o rzeczywistości – w tym wypadku mamy tu odniesienia do prasy i fotografii uczestniczą w procesie wywoływania iluzji u widza. Iluzjonizacja z którą mamy w tym wideoklipie do czynienia sprawia, że wytwarzanie, swoiste konstruowanie i dekodowanie znaczeń staje się coraz trudniejsze. Odniesienie tego, co zostało napisane na zadrukowanym papierze w jakiejś gazecie, do tego, co zostało ukazane w obrazach w obrębie elektronicznych przekaźników sprawia, że percypowane obrazy wchodzą w rozmaite interakcje. Stop – klatka zatrzymanie ujęcia w bezruchu w obrębie muzycznej wizualizacji sprawia, że sztuka fotografii ujawnia swe cechy, których nigdy wcześniej byśmy jej nie przypisali. Wideoklipy, przyzwyczaiły nas do odbioru oszałamiających stanów audiowizualnych, stąd obcowanie w ich obrębie choćby przez chwilę ze statycznym ujęciem ujawnia ograniczoność takiego sposobu przedstawiania, a z drugiej strony wskazuje na atrakcyjność percepcji „obrazu w obrazie" – wielopłaszczyznowej struktury. Montaż elektroniczny tworzy obrazy wielowarstwowe. Prowadzi to w rezultacie do tego, iż następuje odwrócenie relacji pomiędzy obrazem i reprezentowaną przezeń rzeczywistością. Technika cyfrowa umożliwia powoływanie obrazów generujących nową rzeczywistość, która nie posiada odniesień w rzeczywistości prawdziwej. Technika wideo umożliwia tworzenie świata niezależnego od rzeczywistości. Odmienny system montażu pozwala łączyć ze sobą poszczególne ujęcia, ingerować w strukturę poszczególnych obrazów – kadrów. Doskonałość struktury wideoklipów często może wręcz zdumiewać, stanowiąc przykład twórczego wykorzystania techniki wideo wprzęgniętej w wytwarzanie iluzyjnych mikro-światów wzbogacających i zmieniających oblicze sztuki popularnej.

Wideoklipy odwołujące się do znanych stylów plastycznych – elektroniczne obrazy, „wizualne impresje". Wideoklipy odwołujące się do poetyki surrealistycznej.

„Ukształtowany w latach dwudziestych paradygmat filmu awangardowego wyrastał głównie z eksperymentów w sztukach plastycznych, w muzyce oraz w poezji."[14] Przykładem filmu odwołującego się do poetyki surrealistycznej jest choćby dzieło Luisa Buñuela i Salvadora Dali „Un Chien andalou" (Pies andaluzyjski, 1928). „Surrealiści nadawali rangę dzieła sztuki literackiej opisom marzeń sennych. Podobnie jak poeci – malarze również mieli czerpać inspiracje z treści marzeń sennych, dążyć do uczynienia ze swych dzieł „barwnych fotografii snów".[15] Surrealiści uważali [...]", że przez świadome – a raczej spontaniczne – łączenia, zestawienia, kojarzenie zjawisk dotychczas uważanych za przeciwstawne, zjawisk należących do różnych porządków realności – subiektywnego i obiektywnego, tzn. istniejących tylko w czyimś umyśle i istniejącego niezależnie od jakiegokolwiek umysłu – artysta zmierza ku syntezie wszystkich aspektów świata w jednej nieantynomicznej wizji, którą zwali nadrzeczywistością."[16] Znaczna część wideoklipów odwołuje się do poetyki surrealistycznej. Należy jednak pamiętać, że są one reklamą, powstają po to, by promować określonych wykonawców. Muzyczne wideoklipy są dziełami wielofunkcyjnymi, integralnie związanymi ze sztuką popularną. Z tego też powodu nawet wtedy, gdy ich twórcy odwołują się czasem do twórczości artystów awangardowych, nie można zapomnieć o kontekście w jakim funkcjonują wideoklipy.

Malarze surrealistyczni – Giorgio de Chirico, Max Ernst, René Magritte, Yves Tanguy, Joan Mirò tworzyli obrazy odsyłające nie do znanego nam świata zewnętrznego (choć zbudowane są w dużej mierze z jego składników) ale do wewnętrznego świata człowieka, złożonego, skomplikowanego, obfitującego w zjawiska ulotne, często nieuchwytne w swym przebiegu i trudne do wyrażenia. Obrazy te zawierają pewne treści, ale są to treści zaszyfrowane w języku symboli o nieznanych nam znaczeniach. Ich sens pozostaje wieloznaczny, trudny do uchwycenia, niejasny, podobnie jak sens marzeń sennych zaszyfrowanych w obrazowo – symbolicznej formie. Interesujące jest to jak estetyka, która rządzi malarstwem w jakie relacje wchodzi z dźwiękiem i słowem, tworząc złożone i wieloznaczne audiowizualne dzieła. Możliwości jakie oferuje technika wideo umożliwiają tworzenie surrealistycznych, całkowicie niezależnych od rzeczywistości, obrazów generujących rzeczywistość. Nowe techniki kreowania obrazu zachęcają do tworzenia zaskakujących zestawień wizualnych, intrygujących relacji między obrazem i dźwiękiem. Obrazy malarzy surrealistycznych są statyczne w odróżnieniu do obrazów elektronicznych, które wytwarzają oszałamiające niejednokrotnie stany audiowizualne. Digitalizowane przestrzenie obrazowe wyłaniające się z głębi obrazów nieustannie wirują, przesuwają się, porażają swoją ruchliwością. Przykładem wideoklipu nawiązującego do poetyki surrealistycznej jest muzyczna wizualizacja utworu Laiki – „Almost Sleeping". Poszczególne sekwencje tego wideoklipu pozostają wobec siebie w bardzo luźnych związkach. Mamy tu do czynienia

z delinearyzacją świata przedstawionego.

Elektroniczne nieco monotonne dźwięki niezwykle

dobrze współgrają z ciągłą zmiennością, przenikaniem

się i płynnością poszczególnych sekwencji

obrazowych. Składające się nań elementy pojawiają się

i znikająz nieznanych powodów. Pojawiają się tu

obrazy wielowarstwowe – zdjęcia nakładane, które

płynnie przechodzą w inne formy – powoduje to, że

pojedynczy kadr wypełniają jednocześnie wizualizacje

graficzne – w postaci liter, które nie tworzą jednak

konkretnych wyrazów, obracające się gwiazdki

i nakładane zdjęcia – (czarno - biała animacja)

oczu kobiety. Następne ujęcieprzedstawia gwiazdki

obracające się wokół własnej osi, w samym środku

ekranu, następnie unoszące się w powietrzu łyżki

i widelce i nakładająca się na nie twarz kobiety.

Mamy tu do czynienia z zawieszeniem

działań praw przyczynowości i celowości

w odniesieniu do rozwoju sytuacji i wydarzeń.

Pojawiają się tu z kolei ujęcia ukazujące w różnych

konfiguracjach zwykłe przedmioty, które stają się

nieożywionymi bohaterami tej wizualizacji

– zapełniając następujące po sobie kadry

– Przedmioty te znajdują się w nieustannym ruchu – kartki unoszącej się książki cały czas się przewracają, kubek, widelce, łyżki „wibrują" w powietrzu. W wideoklipie tym brak powiązań i motywacji logicznych, co nie oznacza jednak, że z występujących w nim obrazów nie można doszukać się pewnych analogii, które układają się w luźno skonstruowaną historię.

Należy tu dodać, iż przedstawiciele francuskiej awangardy filmowej pragnęli tworzyć „film czysty" wyzwolony z więzów elementów dramatycznych i dokumentalnych. Próbą stworzenia „niezależnego" obrazu filmowego miał być „Balet mechaniczny" Fernanda Légera, w którym codzienne przedmioty fotografowane, uruchamiane i oświetlane w niewykły sposób, zatracały swe dobrze znane widzowi kształty. Wideoklip „Almost Sleeping" nawiązuje pośrednio do tego wybitnego awangardowego filmu. Niezwykłość samego zestawienia obok siebie przedmiotów, prowokuje doszukania się jakiegoś ukrytego sensu. Tytuł wideoklipu wskazuje na możliwość interpretacji tej wizualizacji traktując

ją jako marzenie - senne zaszyfrowane

w obrazowo – symbolicznej formie, rządzonej logiką

paradoksu. Kilkakrotnie pojawia się twarz kobiety,

lub zbliżenie jej oczu przedstawionej w formie

graficznej, oraz twarz mężczyzny.

W sekwencji przedstawiającej obraz przedzielony na dwa regularne fragmenty pojawia się z kolei mężczyzna siedzący przy stoliku, odwrócony plecami i podnoszący słuchawkę. Następne ujęcie przedstawia tarczę telefonu obracającą się, na białym tle a pod nim zbliżenie ukazujące kobiece usta. Mamy tu nawiązanie do Einsteinowskiego montażu opartego na konflikcie jako „punkcie widzenia, według którego ze zderzenia dwóch elementów wynika myśl".[17] Można to interpretować jako chęć nawiązania kontaktu, lub jego odnowienia, przez kobietę, której twarz pojawia się w poszczególnych ujęciach tej wizualizacji kilkakrotnie. W końcowych ujęciach pojawia się telefon, który tli się w ogniu, co może sugerować niemożność nawiązania kontaktu, lub, że podjęte próby odnowienia przyjaźni zakończyły się niepowodzeniem. Unoszące się w powietrzu przedmioty – kubek, łyżki, gwiazdki, nakładane na nie koliste figury geometryczne tworzą układ czasoprzestrzenny charakteryzujący się zmiennością form i relacji wewnętrznych, które wzmacniają oniryczny model tej „wizualizacji". To, co irracjonalne nie poddaje się łatwym uogólnieniom stąd sens tego wideoklipu pozostaje wieloznaczny, trudny do uchwycenia. Świat przedstawiony w wideoklipie przybiera postać otwartą, nieokreśloną, pełną wewnętrznych niejasności, które razem umożliwiają odbiorcy znaczną swobodę interpretacyjną. Tytuł wideoklipu, który w wolnym przekładzie znaczy – „Prawie śpiąc" sugeruje, że przedstawione sekwencje obrazowe interpretować można dosłownie jak i odwołując się choćby do psychologii głębi. W strukturze obrazów sennych jak i obrazów artystycznych daje się – zdaniem Bretona – wykryć te same cechy charakterystyczne: kondensację treści w symbolicznej formie.[18] „Sztuka traktowana jako produkt procesów zachodzących w podświadomości, staje się narzędziem poznania sfery irracjonalnej, od której –

jak dowiodła tego psychologia głębi – w życiu ludzkim tak wiele zależy."[19] Sztuka surrealistyczna w założeniu jej wybitnych twórców służyć miała bardzo ważnym celom. Jej zadaniem miało być kształtowanie ludzkiego życia na nowych zasadach swobody i wolności oraz wszechogarniającej złożoności świata, przenikliwości. „Przebiegający analogicznie do procesów marzeń sennych proces artystyczny kształtowania obrazu pozwolić miał na zgłębienie okrytych dotąd tajemnicą dróg artystycznej inspiracji, natchnienia."[20] Trudno byłoby przypisywać wideoklipom spełnianie tak ważnych funkcji, choć przyznać trzeba, że ich forma przypomina wizje senne. Znaczna ich część zachęca do ich twórczego odbioru. Nadają one nowe oblicze audiowizualnej sztuce popularnej, która odchodząc od linearnej (sukcesywnej) organizacji obrazu wytwarza oszałamiające stany audiowizualne, które zachęcają do uruchomienia ukrytych potencjałów wyobraźni i odejścia od wszelkich schematów ujmujących świat zarówno ten zewnętrzny, widzialny jak i ten istniejący w naszych najgłębszych pokładach świadomości.

Warto tu wspomnieć, iż Marsha Kinder w przywoływanym już w tej pracy tekście „Teledyski a widz: telewizja, ideologia i marzenia senne" sporo uwagi poświęciła podobieństwom snów i telewizji. Zauważyła, iż silny wpływ mediów masowych na sny wynika częściowo z fenomenologicznych podobieństw między snem (dreaming) i oglądaniem filmów i telewizji". Z jednej strony marzenia senne są źródłem inspiracji dla twórców wideoklipów, z drugiej zaś obrazy generowane przez środki masowego przekazu przenikają do snów. Autorka ta doszła w rezultacie do konkluzji, iż za sprawą telewizji, a szczególnie wideoklipów coraz ważniejsze jest wzajemne oddziaływanie tych dwóch sfer – rola snów w procesie internalizacji i przetwarzania ideologii przekazywanej przez telewizję jest coraz silniejsza. Powoduje to, że za sprawą wideoklipów, biznes może rozciągać swą władzę także na marzenia senne.[21]

Wideoklip jako wizualne abstrakcje

Wiele wideoklipów przypomina abstrakcyjne obrazy wprawiane w ruch, które przywodzą na myśl awangardowe filmy jakie tworzone były w latach dwudziestych i trzydziestych XX wieku. Wideoklip zespołu Pet Shop Boys – „Can you forgive her" nie jest "czystą" wizualną abstrakcją. W większości sekwencji pojawiają się ubrani w dziwaczne, stożkowe nakrycia głowy członkowie zespołu. Początek wideoklipu zaczyna się ujęciem przedstawiającym jak idą oni w dwójkę przezroczystym tunelem znajdującym się w jakimś mieście. Pojawia się również ujęcie utrzymane w czarno – białej tonacji, w której jedynymi kolorowymi elementami są idący ulicą wśród szarego tłumu w swych niekonwencjonalnych nakryciach głowy dwaj członkowie zespołu. W wideoklipie tym szczególnie zwracają uwagę sekwencje, które przypominają abstrakcyjne obrazy, które tworzą autonomiczne formy wizualne. Jako przykład może posłużyć sekwencja przedstawiająca na tle elektronicznie wygenerowanego gwiaździstego nieba niebieską geometryczną figurę wprawioną w ruch, wyłaniającą się niczym z głębi ekranu i zmieniającą swą formę czy też sekwencja przedstawiająca pulsujące niebieskie , granatowe i pomarańczowe kuliste formy, które się przemieszczają, wirują w obrębie ekranu, zmieniają swój kształt, tworzą interesujące barwne układy kompozycyjne.

Zachwyca doskonałość struktury tego dzieła, perfekcja jego wykonania. Ukazane sekwencje abstrakcyjne kładą nacisk na konstrukcję syntagmatyczną. Bardzo ważną rolę odgrywa tu ruch we wszystkich swoich przejawach w obrębie obrazu. Dynamiczna struktura tego wideoklipu uzyskana dzięki współobecności elektronicznych dźwięków, niezwykle dobrze współgrających z obrazem. Wideoklip ten stanowi doskonały przykład na to jak ciekawie można skomponować i powiązać ze sobą poszczególne sekwencje obrazowe i dzięki technice wideo tworzyć świat całkowicie niezależny od rzeczywistości.

Wideoklipy odwołujące się do poetyki ekspresjonistycznej

Pisząc o odwołaniach do różnorodnych stylów plastycznych trudno pominąć ekspresjonizm. Ekspresjonistyczny sposób obrazowania wypracowany przez malarzy i twórców filmowych stanowi nadal inspirację dla reżyserów tworzących wideoklipy, szczególnie tych, którzy „wizualizują" utwory zespołów heavy-metalowych, punkowych i rockowych. Ekspresjonizm jako kierunek w literaturze i teatrze miał swoje odbicie w plastyce i muzyce. Zrodził się w Niemczech już około 1910 roku. Uwolnione od zadania naśladowania rzeczywistości dzieło ekspresjonistyczne powinno przekazywać świat wewnętrzny człowieka. Ekspresjonizm ukazywał świat pogrążony w chaosie. Artysta w takim świecie odczuwał potrzebę silnego wyrazu artystycznego, przełożenia na język form i kolorów duchowych rozterek, napięć i niepokojów. Twórcy filmów ekspresjonistycznych posługiwali się mocnymi w wyrazie ujęciami, rozwijali akcję przy pomocy odpowiedniego operowania światłem. Temat władzy nieustannie powracał w niemieckich ekspresjonistycznych filmach Langa czy Murnau'a. Władza ukazywana była jako siła, która manipuluje społeczeństwem, zbrodniczo je wykorzystuje, używa różnych masek dla ukrycia swego szaleństwa. Było to prezentowane najczęściej poprzez wymieszanie dwóch porządków – realistycznego i wizyjnego. Obok władzy, tematem chętnie podejmowanym było rozwikłanie wszystkich aspektów natury człowieka, targanego lękami, z trudem przystosowującego się do istniejących wokół niego warunków, które ograniczały jego wolność.

Wideoklipem nawiązującym do stylu ekspresjonistycznego jest wizualizacja utworu amerykańskiego zespołu Cracker, która nosi tytuł – „Low". Piosenka ta nie dotyczy problemów związanych z władzą, ale ze skomplikowanymi relacjami łączącymi kobietę i mężczyznę, albo raczej trudnością porozumienia się ze sobą, co w rezultacie nieuchronnie prowadzić musi do konfliktów, napięć i lęków. W wideoklipie tym na plan pierwszy wysuwa się przesłanie natury psychologicznej. Świat widziany z takiej perspektywy przybiera określoną postać. Mamy tu ukazanie w poszczególnych sekwencjach narastającego konfliktu przedstawionego w symbolicznej formie, świata widzianego przez pryzmat własnych doświadczeń i rozterek. Wideoklip ten utrzymany jest w tonacji czarno – białej, co umożliwiło stworzenie odpowiedniego nastroju przy pomocy operowania światłem i cieniem, uwypukleniem roli światła w tworzeniu mocnych w wyrazie ujęć. Takie obrazowanie współgra z muzyką, dźwiękami elektrycznej gitary, wzmocnionymi zdecydowanym, męskim wokalem co w warstwie dźwiękowej wzmaga bezpośredniość wyrazu artystycznego. Wideoklip ten rozpoczyna się od prześwietlonego zdjęcia przedstawiającego zbliżenie twarzy mężczyzny – jednego z gitarzystów. Następne ujęcie ukazuje pokój, w którym na środku stoi łóżko, za oknem widać stojące drzewo bez liści. Panuje noc. Na ujęcie to nałożone jest zdjęcie ukazujące w ruchu przyspieszonym księżyc. Sprawia to takie wrażenie jakby przez pokój przesuwał się księżyc co umożliwiło na uwypuklenie roli światła i cienia w tej „wizualizacji". Kilkakrotnie powtarza się sekwencja ukazująca grającego na gitarze mężczyznę na ringu bokserskim, który również jest słabo oświetlony. Sekwencja przedstawiająca ujęcie miasta nocą, nad którym dzięki zastosowaniu ruchu przyspieszonego przesuwają się szybko chmury współgra z ujęciem pokoju, w którym jedynym źródłem światła jest lampka stojąca przy łóżku. W początkowych ujęciach ukazuje się również zbliżenie twarzy dziewczyny, ubranej w bokserski szlafrok. Kilkakrotnie pojawiają się te same motywy – ujęcia zrealizowane w tym samym miejscu. Zbliżenia twarzy piosenkarza ujętych z profilu, który trzyma wiszący mikrofon w ręku i śpiewa do niego również przywołuje ekspresjonistyczny sposób obrazowania – uwypukla rolę światła w kreacji obrazu – wiązka światła tak pada na jego twarz, że jej fragmenty są niewidoczne. Już pierwsze sekwencje wprowadzają widza w odpowiedni nastrój, który towarzyszy całej „wizualizacji". Świat pozbawiony jest nie przez przypadek koloru. Nawet zdjęcia filmowane w dzień wyglądają tak jakby były kręcone w nocy. W dalszej części wideoklipu pojawia się kobieca postać – dziewczyna, która dociera samochodem do miejsca w którym śpiewa piosenkarz. Rozgrywa na ringu walkę z nim, powalając go na ziemię. Ujęcie ukazujące kwiaty stojące w dzbanku, które w błyskawicznym tempie usychają, dzięki zastosowaniu przyspieszonego ruchu czy też ujęcia w których wykonawca rozgrywa walkę z kobietą, o której można domniemywać traktuje tekst piosenki zachęcają do symbolicznej interpretacji tego wideoklipu. Mocne w wyrazie ujęcia współgrają z dźwiękami elektrycznej gitary, które wzmagają nastrój konfliktu. Piosenkarz wykonujący ten utwór wciela się jednocześnie w bohatera tej „wizualizacji". Fragmentarycznie zobrazowana historia opowiada o związku dwojga ludzi, którzy nie potrafią się ze sobą porozumieć, co w rezultacie wpływa na sposób w jaki zaczynają spoglądać na otaczającą ich rzeczywistość, która staje się bezbarwna, ponura, nieco przerażająca. Wideoklip posiada strukturę, która umożliwia znaczną dowolność w procesie konkretyzacji dzieła. Częste odwoływanie się twórców muzycznych wideoklipów do ekspresjonizmu powodowane jest bez wątpienia tym, że muzyka rockowa zawiera niezwykle duży ładunek ekspresji, który w połączeniu z tego typu obrazowaniem tworzy niezwykle sugestywne przedstawienie. Wideoklip taki kładzie nacisk na konstrukcję semantyczną dzieła, następujące po sobie jednostki obrazowe tworzą symboliczne konfiguracje o niezwykłym ładunku ekspresji.

Wideoklip odwołujący się do poetyki
pop – artu

Wideoklipy odwołują się bardzo często do poetyki pop-artu, która inspiruje szczególnie tych twórców, którzy potrafią twórczo korzystać z możliwości jakie tkwią w nowych technikach kreowania obrazu. Posługiwanie się cytatem, kolażem, parodią tworzy złożony i wieloznaczny audiowizualny język. Za manifest sztuki pop uznać można kolaż przedmiotów codziennego użytku Richarda Hamiltona pt. „Co właściwie sprawia, że dzisiejsze mieszkania są tak odmienne, tak pociągające?" z 1956 roku.[22]

Pop-art wskazywał na ikonografię środków masowego przekazu zwracając uwagę, że ta ikonografia będzie coraz natrętniejsza, sprowadzona do określonego repertuaru schematów.[23] Artyści tworzący pop-art wkroczyli w nurt wyobrażeń właściwych społeczeństwu konsumpcyjnemu, rozpowszechnianych przez ilustracje, plakaty, reklamę. Andy Warhol, Richard Hamilton, James Rosenquist, Roy Lichtenstein z jednej strony widzieli wiele niebezpieczeństw w tak szybko rozprzestrzeniającej się kulturze popularnej,

a z drugiej strony fascynowała ich jej odmienność czemu

dawali wyraz w swych pracach. Niepokojąco brzmiały

jednak słowa wypowiedziane przez Andy'ego Warhola,

iż „Myślę, że kiedyś wszyscy ludzie będą mogli mówić,

co myślą. Okaże się wtedy, że wszyscy myślą tak

samo."[24] Pop-art służył poznaniu funkcjonowania

masowych wyobrażeń współtworzonych przez sztukę

popularną, demitologizował stworzone przez

nią mity. Wideoklipy często odwołują się do poetyki

pop-artu, co w rezultacie prowadzi do powoływania

w obrębie poszczególnych sekwencji obrazowych

interesujących układów kompozycyjnych,

możliwych do konstytuowania dzięki choćby symulacji

komputerowej. Należy jednak pamiętać, że

pop-art był kierunkiem awangardowym, natomiast

wideoklipy, nawet jeśli odwołują się do owej poetyki,

wchodzą w ciekawe relacje z dziełami owych

artystów są integralnie związane ze sztuką popularną

i co równie ważne ich funkcje promocyjne nie ulegają

przez to likwidacji. Przyznać jednak trzeba,

że wideoklipy umożliwiają spojrzenie na sam pop-art

z szerszej perspektywy.

Przykładem wideoklipu, który nawiązuje do tej poetyki jest „wizualizacja" utworu Becka - „Nicotine and gravy". Wideoklip ten ukazuje możliwości jakie tkwią w elektronicznym montażu, który tworzy obrazy wielowarstwowe. Technika wideo, animacja komputerowa sprawia, że statyczne obrazy, przypominające te, tworzone przez artystów pop-artu zaskakują niezwykłą dynamiką, ruchem, rytmem, powoływaniem intrygujących zestawień wizualno - dźwiękowych, wzajemnych odniesień słowno - obrazowych, układem barw. Równoległa współobecność obrazu i dźwięku wzmaga dynamizm poszczególnych sekwencji obrazowych. W wideoklipie Beck'a obrazy statyczne zestawiane są z fragmentami, które się poruszają. Ekran podzielony jest na kilka części tworząc formę kolażu. Ważną funkcję spełniają sploty słowno - obrazowe, które pojawiają się w różnych miejscach w obrębie pojedynczego kadru. W jednej z sekwencji pojawia się policjant, który wygląda jak z jakiegoś komiksu, u którego w oprawkach okularów ukazują się kobiece usta. Cały wideoklip wzorowany jest na komiksowych obrazkach, jakie popularne były w latach czterdziestych i pięćdziesiątych. Przywołują na myśl prace Roya Lichtensteina, który z komiksowego okienka uczynił główną inspirację swoich obrazów. Odindywidualizowane płótna i kolokwializmy z komiksowych „dymków" Lichtensteina stanowią jeden z głównych znaków rozpoznawczych pop-artu. W wideoklipie tym trudno nie wyczuć dystansu do podejmowanego tematu. Bohaterem tej „wizualizacji" stał się sam artysta, którego zdjęcia, niczym wycięte z komiksu występują w różnych konfiguracjach. Richard Hamilton pisał, iż „To, czego nam potrzeba, to nie znalezienie wyrazu dla pełnej znaczeń wyobraźni, ale wzmożenie naszych możliwości percepcyjnych, abyśmy mogli zaakceptować i spożytkować nieustannie wzbogacający się materiał wizualny."[25] Dzięki digitalizacji obrazu i dźwięku wydaje się, że nigdy wcześniej nie mieliśmy do czynienia z tak wielkim wzbogaceniem naszych możliwości percepcyjnych. Złożoność i wieloznaczność tej „wizualizacji" prowadzi do sprzeczności, nielogicznych, absurdalnych i groteskowych konstrukcji, które wymykają się całościowemu rozumieniu.

Wideoklip poetycki.

Wideoklipy stanowią przykład dzieł intertekstualnych, odwołują się do znanych i utrwalonych w kulturze, wielokrotnie przywoływanych tekstów. Wideoklip Nick'a Cave'a i Kylie Minoque - „Where Wild Roses Grow" stanowi przykład interesującego przetransponowania w audiowizualną formę fragmentu dzieła Shaekspeare'a. Wideoklip ten skłania do wyodrębnienia jeszcze jednego rodzaju wideoklipu, który nazwać można poetyckim. Ta muzyczna wizualizacja spokojnej melodii połączonej nawet nie tyle ze śpiewem co melorecytacją piosenkarki pop i artysty uważanego za „undergroundowego (przynajmniej dopóki nie nagrał tego wideoklipu) tworzy ciekawe relacje między słowem, obrazem i dźwiękiem. W „wizualizacji" tej zwracają szczególnie na uwagę zdjęcia pełne romantyzmu, obrazy zrealizowane na tle urokliwego krajobrazu zderzone ze słowami piosenki, które układają się w historię pełną dramatyzmu. Wydaje się, że przyroda odgrywa tu nadrzędną rolę. Technika wideo umożliwia tworzenie obrazów, które są doskonalsze od tych, które istnieją w rzeczywistości „prawdziwej". Przywodzą na myśl pejzaże Gainsborough, czy choćby dzieła prerafaelitów, które jednak w relacji z elektronicznymi obrazami ujawniają ograniczoność takiego przedstawiania. Ujęcie przedstawiające półzbliżenie, unoszącej się w wodzie piosenkarki wśród kwiatów i krzewów w zakolu rzeki przywołuje obraz z 1852 roku zatytułowany „Ofelia" Millaisa, odwołujący się do wyobrażeń pięknych, długowłosych topielic.[26] W wideoklipie tym sekwencje ukazujące zakole rzeczki z rosochatą wierzbą, wśród kwiatów i krzewów wyglądają tak urokliwie, że aż „nierzeczywiście". Technika wideo umożliwia kreację rzeczywistości bardziej „rzeczywistej" od tej istniejącej „naprawdę", która nigdy nie dorówna jej swą doskonałością. Ta idylliczna sceneria skrywa jednak ponurą wizję życia i okrucieństwa o których śpiewają artyści wcielający się jednocześnie w bohaterów opowiadanej

43

przez siebie historii. Historia ta stworzona przez

Shaekspeare'a to jedna z najsłynniejszych scen szaleństwa,

jakie zna literatura, dotycząca samobójczej

śmierci Ofelii doprowadzonej do obłędu zabójstwem

ojca dokonanym przez Hamleta. Twórcy

wideoklipowych przedstawień nieustannie operują

skrótem w przedstawianiu wybranej historii niezależnie

od tego, czy inspirację czerpią z dzieł Shaekspeare'a

czy wizualizują tekst całkowicie wymyślony przez

rockowego artystę. Wszystko to doprowadziło do

stworzenia intermedialnego dzieła ukazującego

w interesujący sposób relacje łączące malarstwo, poezję

i muzykę, składające się z wysublimowanych

obrazów skrywających niezwykle ponurą historię.

Przedstawienie w wizualnych sekwencjach sensu dzieła

Shaekspeare'a świadczy o tym, że w nowych

technikach kreowania obrazu tkwi nieograniczony

potencjał umożliwiający tworzenie ciekawych

relacji między słowem, dźwiękiem i obrazem.

Wideoklip a sztuka wideo

Jak zauważyła Marsha Kinder wideoklipy stwarzają wyjątkowe możliwości kreacji estetycznej, które twórcy awangardowi znajdowali dotychczas wyłącznie w niezależnym nurcie sztuki filmowej i video artu. [27]

Teoretycy piszący o wideoklipach zwracają uwagę na doskonałość formalną owych „wizualizacji", rzadko dostrzegając w nich wyrażoną poprzez szybko zmieniające się obrazy jakąś treść. Rozpowszechniona jest opinia, iż ich twórcy prawie nigdy nie podejmują tematów, które nie cieszą się popularnością, wśród młodzieży - ich głównych odbiorców, które dotyczą mniej jasnych stron życia. Takimi zakazanymi tematami jest starość, przemijanie czy problemy nękające postinformacyjne społeczeństwo. Powoli jednak się to zmienia. Przykładem na to może być wideoklip Moby'ego zatytułowany „Porcelain". Istnieją dwie wersje „wizualizacji" tej piosenki. Jedna z nich jest niezwykle interesująca formalnie. Składa się z jednego kadru, który przedstawia zbliżenie kobiecego oka. Wideoklip zaczyna się ujęciem ukazującym zamkniętą powiekę (pomalowaną na turkusowo - fioletowy kolor). Powieka powoli się otwiera i w siatkówce oka pojawia się twarz piosenkarza, który zaczyna śpiewać piosenkę. W trakcie trwania wizualizacji, niczym z głębi „ekranu - oka" ukazują się twarze różnych osób, nałożone na zdjęcia kosmosu. Twarze pojawiają się i znikają. Słowa tego utworu, napisy ukazujące się w obrębie oka, przenikające się ze zdjęciami kosmosu tworzą czytelny przekaz - „wizualno - muzyczną" impresję o ulotności życia.

W wideoklipie Morcheeba - „Blindfold" został wykorzystany pomysł zrealizowany znacznie wcześniej przez Zbigniewa Rybczyńskiego w „Tangu", by w jednym statycznym kadrze, nieustannie coś innego się działo. W „Tangu" trzydzieści sześć postaci zaludnia stopniowo pokój, co trwa osiem minut. Wideoklip „Blindfold" składa się z jednego statycznego kadru, który zapełnia się ludźmi, zwierzętami, bądź jakimiś przedmiotami, z tą jednak różnicą, że pojawiają się również zbliżenia twarzy śpiewającej piosenkarki, co powoduje, że statyczność tej wizualizacji ulega osłabieniu. Wideoklip ten zwraca uwagę ze względu na ukazanie możliwości jakie tkwią w zastosowaniu intensywnych barw połączonych z niebywałymi możliwościami tkwiącymi w technice wideo – zestawienie efektu zwolnionego ruchu ze swoistą grą kolorów na tle statycznego kadru sprawia, że wizualizację tą cechuje swoisty dynamizm - wszystko to dało efekt daleko posuniętego „uplastycznienia" tej wizualizacji. Kadr wideoklipu przedstawia pomieszczenie, z dwoma oknami, w którym zwracają uwagę pomarańczowe ściany z zielonymi wykończeniami. W kadrze tym pojawiają się muzycy, sama piosenkarka, jak również postacie, przedmioty, zwierzęta w pomieszczeniu, lub na jego tle które znikają bez wyraźnie umotywowanego powodu. Jednym z najpiękniejszych ujęć jest to, gdy niczym z boków ekranu rozpryskuje się farba czerwona, żółta, zielona i niebieska, ukazane to jest przy zastosowaniu rozfazowania ruchu, co daje ciekawy plastycznie efekt. Barwy nachodzą na siebie, zapełniają ekran, co prowadzi do tego, że przez chwilę kadr upodabnia się do obrazu abstrakcyjnego.

Nie przez przypadek pojawiło się tu nazwisko Zbigniewa Rybczyńskiego. Trudno bowiem pisząc o wideoklipach nie wspomnieć choćby o jednym z najgenialniejszych twórców tworzących realizacje wideo i jednocześnie wideoklipy. Jak mówił on jego celem było i jest zapisywanie „rzeczy, które nie istnieją w rzeczywistości", ale wydają się całkowicie realne. Interesowały go obrazy, które egzystują w naszych myślach, snach, naszej świadomości.[28] Po wyjeździe z Polski zrealizował wideoklipy dla wielu wybitnych muzyków by wymienić choćby Micka Jaggera, Lou Reeda, i zespołów Simple Minds, Art Of Noise czy Pet Shop Boys. „Orkiestra" z 1990 roku składała się z kolei z serii epizodów do muzyki Chopina, Albinoniego, Schuberta, Mozarta, Rossiniego i Ravela. Zbigniew Rybczyński potrafił twórczo wykorzystać możliwości jakie oferuje technika wideo.

Równoległa współobecność obrazu i dźwięku jest w jego poetyce faktem podstawowym. Obraz i dźwięk istnieją niejednokrotnie na równorzędnych zasadach

- „Obrazy w jego filmach odnajdywały swoją motywację

konstrukcyjną w strukturach muzycznych

(„Take five", „Tango") bądź przybierały formę

quasi - muzyczną („Kwadrat", „Lokomotywa")".[29]

Odwołania do video artu wzbogacają wizualną stronę wideoklipów, przyczyniając się do powoływania zachwycających swą formą, audiowizualnych przedstawień. Pipilotti Rist, jedna z najbardziej znanych obecnie szwajcarskich artystek tworzących dzieła sytuujące się w obrębie video artu tworzy je w taki sposób że trudno znaleźć artykuł, który nie łączyłby jej dzieł z muzycznymi „wizualizacjami". Wideoklipy odwołują się do video artu, nawiązują z nimi swoisty dialog nie tylko jednak na poziomie formalnym. Wideoklip The Chemical Brothers - „Out of Control" cechuje się dużą samozwrotnością. Mniej więcej w połowie trwania tej „wizualizacji" okazuje się, ze misternie skonstruowany konflikt został stworzony tylko po to, by zareklamować określony napój. Reklamę tego napoju oglądał przez szybę wystawową w stojącym w sklepie telewizorze młody chłopak, który jak można domniemywać nie mogąc znieść zakłamania mediów rzuca w stronę szyby jakimś przedmiotem, rozbijając ją. W wideoklipie Lambchop - „Up with people" większość scen wypełnia kadr ukazujący zbliżenie ekranu telewizora, który zapełnia postać jakiegoś polityka, podczas przemowy, który został tak przedstawiony jakby śpiewał „wizualizowaną" piosenkę. Wideoklip ten uznać można za niezwykle ironiczne spojrzenie na samą telewizję, a przynajmniej tą z którą jeszcze do niedawna mieliśmy do czynienia, gdzie nieustannie pojawiały się „gadające głowy". Z kolei wideoklip Saez - „Salive cette etoile" porusza jeszcze szerzej problemy związane z ekspansją środków masowego przekazu i nowych technologii komunikacyjno - informacyjnych niezwykle krytycznie się do nich odnosząc. Dzieci siedzą przy swych komputerach w klasie wpatrując się w swe migoczące ekrany , pojawia się również telewizor, w którym ustylizowana na jakąś „medialną" postać kobieta wygląda na tle całej „wizualizacji", pełnej mocnych w wyrazie ujęć niezwykle groteskowo.

Ta niechęć wobec telewizji, poddanie krytycznej

refleksji telewizję uznać możnaza swoiste nawiązanie dialogu ze sztuką wideo. Rozczarowanie telewizją było bowiem, jak podkreśla Rob Perrée, jednym ze źródeł powstania wideo. [30]Douglas Davis oznajmił natomiast, iż „Największy zaszczyt, jaki możemy uczynić telewizji, to odrzucić ją".[31] Przywołane przeze mnie wideoklipy świadczą o tym, że telewizja z jaką jeszcze do niedawna mieliśmy do czynienia, umownie nazwana paleo i neo - telewizją powoli odchodzi w przeszłość. Audiowizja z kolei stanowi etap przejściowy, przygotowujący do zmierzenia się z nowymi technologiami komunikacyjno - informacyjnymi. W erze postinformacyjnej o której pisał Nicolas Negroponte dominuje bowiem chęć aktywnego uczestnictwa w kulturze, a nie jedynie bierne jej percypowanie za sprawą telewizji. Stąd już jest tylko krok do interaktywności.

Wideoklipy są zjawiskiem intermedialnym, wchodzącym w relacje z odmiennymi dziedzinami sztuki - malarstwem, muzyką, poezją. Umożliwiają spojrzenie na nie z zupełnie innej perspektywy. Odwołują się do dzieł, które powstały całkiem niedawno i do tych, które

51

funkcjonują w obrębie kultury od wieków. Zachęcają do ponownego ich odczytania. Umieszczone w nowym kontekście, odkrywają znaczenia, których wcześniej nigdy byśmy im nie przypisali. Przedstawione przeze mnie przykłady wideoklipów, które odwołują się do znanych stylów plastycznych bez wątpienia nie oddaje w pełni ukazania kreacyjnych możliwości jakie tkwią w technice wideo i cyfrowo wygenerowanych obrazach. Wideoklipy tworzą niespodziewane skojarzenia i połączenia. Zachwycają swoimi specyficznymi cechami formalnymi i stylistycznymi. Nieustannie mamy w nich do czynienia z wymieszaniem i przenikaniem się stylów i konwencji, nielinearnością. Odbiór i zrozumienie tego typu komunikatów wymaga wychodzenia poza stereotypy myślowe. Przygotowują one do odbierania komunikatów, sformułowanych w stylistyce i języku nowej ery komunikacyjnej. Wideoklipy wzbogacają nasze doświadczenie rzeczywistości, zachęcają do aktywnego, twórczego myślenia, nadawaniu percypowanym obrazom własnych znaczeń, co stanowi już krok do interaktywności. Wideoklipy przygotowują do zmierzenia się z nowymi technologiami informacyjno - komunikacyjnymi.

Nicolas Negroponte zauważył, iż „Prawdziwa szansa pojawi się przed artystami udostępniającymi możliwości zmiany swego dzieła i tworzenia jego wariacji. Może to wydać się popularyzacją do przesady, gdy chodzi o ważne obiekty kulturalne - na przykład o przekształcanie każdego obrazu Picassa w pocztówkę lub każdego obrazu Warhola w wycinankę - ale pamiętajmy, że postać cyfrowa pozwala na przekazywanie nie tylko produktu, ale także procesu. Proces może być dla jednych źródłem ekstazy i fantazji, może być kolektywnym wyobrażeniem wielu albo wizją grupy rewolucjonistów."[32] Jak pisze Alvin Toffler - „Mamy to samo przeznaczenie, co dawni, nieżyjący już rewolucjoniści. Przeznaczeniem tym jest - tworzyć."[33]

Bibliografia

1. Czartoryska M., „Od pop - artu do sztuki konceptualnej", Wydawnictwa Artystyczne i Filmowe, Warszawa 1973.

2. Dahlhaus C., „Eggebrecht H. H. „Co to jest muzyka?", Państwowy Instytut Wydawniczy, Warszawa 1992.

3. Hickethier K., „Historia filmu, audiowizji czy multimediów" [w:] „Współczesna niemiecka myśl filmowa. Od projektora do komputera", red. A. Gwóźdź, Wydawnictwo Szumacher, Katowice 1999.

4. Janicka K., „Surrealizm", Wydawnictwa Artystyczne i Filmowe, Warszawa 1973.

5. Kinder M., „Teledyski a widz i telewizja, ideologia i marzenia senne", tłum. M. Chabowska, „Przekazy i Opinie", 1988, nr 1 - 2.

6. Kluszczyński, R. W., „Film, wideo, multimedia", Instytut Kultury, Warszawa 1999.

7. Lisowska - Magdziarz M., „Bunt na sprzedaż", Wydawnictwo Uniwersytetu Jagiellońskiego, Kraków 2000.

8. „Max", nr 8 - Grudzień 1999, s. 134 - 137.

9. Müller J. E., „Intermedialność jako prowokacja nauki o mediach" [w:] „Współczesna niemiecka myśl filmowa. Od projektora do komputera", red. A. Gwóźdź, Wydawnictwo Szumacher, Katowice 1999.

10. Negroponte N., „Cyfrowe życie", przeł. M. Łakomy, Książka i Wiedza, Bydgoszcz 1997.

11. Poprzęcka M., „Malarstwo angielskie od Gainsborough do Turnera", [w:] „Sztuka świata", tom 8, Wydawnictwo Arkady, Warszawa 1994.

12. Poprzęcka M. „Prerafaelici i esteci" [w:] „Sztuka świata", tom 8, Wydawnictwo Arkady, Warszawa 1994.

13. Spielmann Y. „Klocki do teorii intermedialnego obrazu" [w:] „Współczesna niemiecka myśl filmowa. Od projektora do komputera", red. A. Gwóźdź, Wydawnictwo Szumacher, Katowice 1999.

14. Szyrocki M., „Literatura niemieckiego obszaru językowego", [w:] „Dzieje literatur europejskich", red. Władysław Floryan,

Państwowe Wydawnictwo Naukowe, Warszawa 1982.

15. Toffler A., „Trzecia fala", przeł. Ewa Woydyłło, Państwowy Instytut Wydawniczy, Warszawa 1997.

16. Włodarczyk W., „Wokół pop - artu. Przedmiot i postać" [w:] „Sztuka świata", tom 10, Wydawnictwo Arkady, Warszawa 1996.

¹ H.H. Eggebrecht, „Czy istnieje muzyka „po prostu"?" [w:] C. Dahlhaus, H. H. Eggebrecht, „Co to jest muzyka?", Państwowy Instytut Wydawniczy, Warszawa 1992, s. 27.

² N. Negroponte, „ Cyfrowe życie", przeł. M. Łakomy, Książka i Wiedza, Warszawa 1997, s. 183.

³ Jürgen E. Müller, „ Intermedialność jako prowokacja nauki o mediach" [w:] „ Współczesna niemiecka myśl filmowa. Od projektora do komputera" red. Andrzej Gwóźdź, Wydawnictwo Szumacher, Katowice 1999, s. 135.

⁴ M. Szyrocki, „Literatura niemieckiego obszaru językowego" [w:] „Dzieje literatur europejskich" red. Władysław Floryan, Państwowe Wydawnictwo Naukowe, Warszawa 1982, s. 69.

⁵ Ibidem, s. 70.

⁶ Jürgen E. Müller, op. cit. s. 136.

⁷ Ibiden, s. 140.

⁸ M. Lisowska – Magdziarz, „Bunt na sprzedaż", Wydawnictwo Uniwersytetu Jagiellońskiego, Kraków 2000, s. 55.

[9] Jürgen E. Müller, op. cit. s. 152.

[10] Zob. R. W. Kluszczyński, „Video art jako intermedium" [w:] R. W. Kluszczyński, „Film wideo, multimedia", Instytut kultury, Warszawa 1999, s. 152.

[11] Ibidem, s. 76.

[12] Ibidem, s. 76.

[13] Zob. Knut Hickethier, „Historia filmu, audiowizji czy multimediów", op. cit, s. 192.

[14] R. W. Kluszczyński, „Obrazy multimedialne", op. cit, s. 205.

[15] K. Janicka, „Surrealizm", Wydawnictwa Artystyczne i Filmowe, Warszawa 1973, s. 55.

[16] Ibidem, s. 38.

[17] Y. Spielmann, „Klocki do teorii intermedialności obrazu", op. cit, s. 179.

[18] K. Janicka, op. cit, s. 55.

[19] Ibidem, s. 55.

[20] Ibidem, s. 55 – 56.

21 M. Kinder, „Teledyski a widz: telewizja, ideologia i marzenia senne", [w:] „Przekazy i Opinie", tłum. M. Chabowska, 1988, nr 1 – 2, s. 109.

22 Zob. W. Włodarczyk, „Wokół pop – artu. Przedmiot i postać" [w:] „Sztuka świata", tom 10, Wydawnictwo Arkady, Warszawa 1996, s. 83 – 121.

23 Zob. U. Czartoryska, „Od pop – artu do sztuki konceptualnej", Wydawnictwa Artystyczne i Filmowe, Warszawa 1973, s. 112 – 169.

24 Ibidem, s. 119.

25 Ibidem, s. 126.

26 Zob. M. Poprzęcka „Malarstwo angielskie od Gainsborough do Turnera", oraz M. Poprzęcka, „Prerafaelici i esteci", [w:] „Sztuka świata", tom 8, Wydawnictwo Arkady, Warszawa 1994, s. 67 - 87 oraz 147 - 163.

27 M. Kinder, „Teledyski a widz i telewizja, ideologia i marzenia senne", tłum. M. Chabowska, „Przekazy i Opinie" 1988, nr 1-2, s. 89.

28 Zob. „Max" - nr 8 - Grudzień 1999, s. 134 - 137.

29 R. W. Kluszczyński, „Kino elektroniczne" [w:], op. cit., s. 171.

30 R. W. Kluszczyński, Video Art jako intermedium" [w:], op. cit, s. 70.

31 Ibidem, s. 70.

[32] N. Negroponte, op. cit, s. 185.

[33] A. Toffler, „Trzecia fala", przeł. Ewa Woydyło, Państwowy Instytut Wydawniczy, Warszawa 1997, s. 658.

www.ingramcontent.com/pod-product-compliance
Lightning Source LLC
Chambersburg PA
CBHW071814170526
45167CB00003B/1307